Impressum
Verlag: BABADADA GmbH, Nedderfeld 112 , 22529 Hamburg
Geschäftsführer / Verlagsleitung: Harald Hof
Druck: Books on Demand GmbH, In de Tarpen 42, 22848 Norderstedt

Imprint
Publisher: BABADADA GmbH, Nedderfeld 112 , 22529 Hamburg, Germany
Managing Director / Publishing direction: Harald Hof
Print: Books on Demand GmbH, In de Tarpen 42, 22848 Norderstedt

colegio
المدرسة

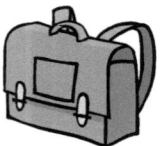

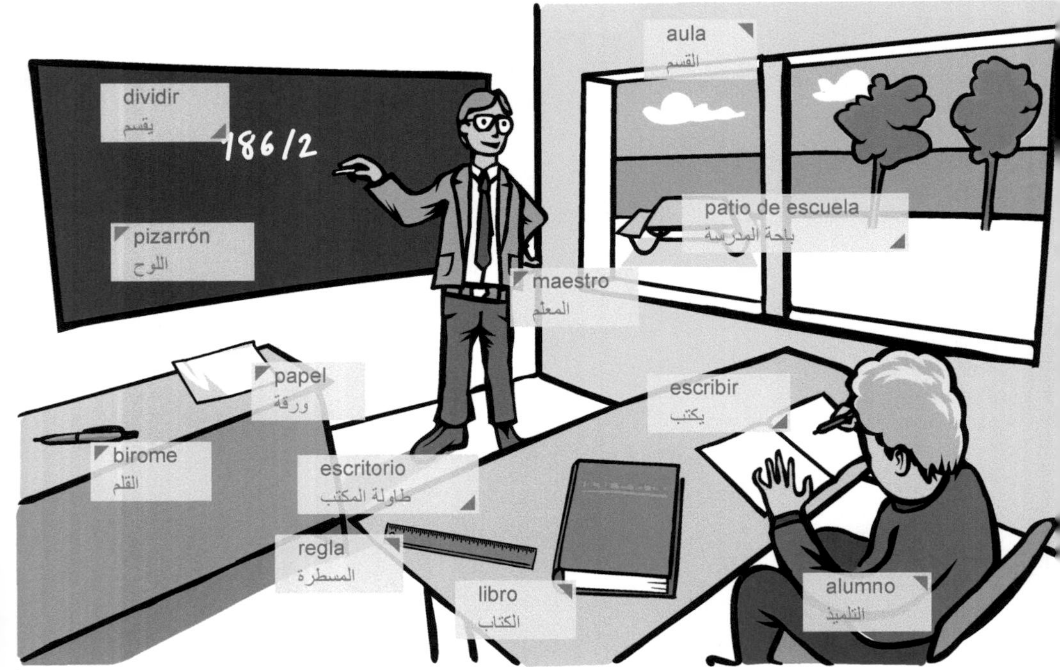
aula
القسم
dividir
يقسم
186/2
pizarrón
اللوح
patio de escuela
باحة المدرسة
maestro
المعلم
papel
ورقة
escribir
يكتب
birome
القلم
escritorio
طاولة المكتب
regla
المسطرة
libro
الكتاب
alumno
التلميذ

mochila
الحقيبة المدرسية

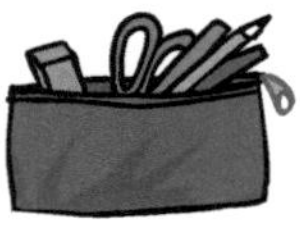

caja de lápices
المقلمة

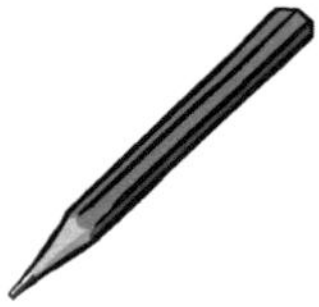

lápiz
قلم الرصاص

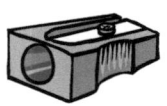

sacapuntas
البرّاية

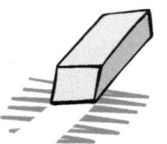

goma (de borrar)
المِمحاة

bloc de dibujo
دفتر الرسم

dibujo

الرسمة

pincel

الفرشاة

caja de pinturas

علبة التلوين

tijera

المقص

pegamento

المادة اللاصقة

cuaderno de ejercicios

دفتر التمارين

tarea

الواجب المدرسي

número

الرقم

sumar

يجمع

restar

يطرح

multiplicar

يضرب

calcular

يحسب

letra

الحرف

abecedario

الأبجدية

palabra

كلمة

texto

النص

leer

يقرأ

tiza

الطبشور

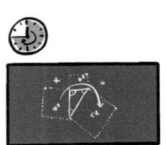

lección

الحصة

cuaderno de clase

دفتر الدوام المدرسي

examen

الامتحان

certificado

شهادة

uniforme escolar

اللباس المدرسي

educación

التعليم

enciclopedia

الموسوعة

universidad

الجامعة

microscopio

المجهر

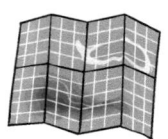

mapa

الخريطة

tacho (de basura)

قماما

viaje
سفر

hotel
فندق
Grand
hostel
بيت الشباب
ROOMS
EXCHANGE
casa de cambio
مكتب صرافة
valija
حقيبة
auto
سيارة

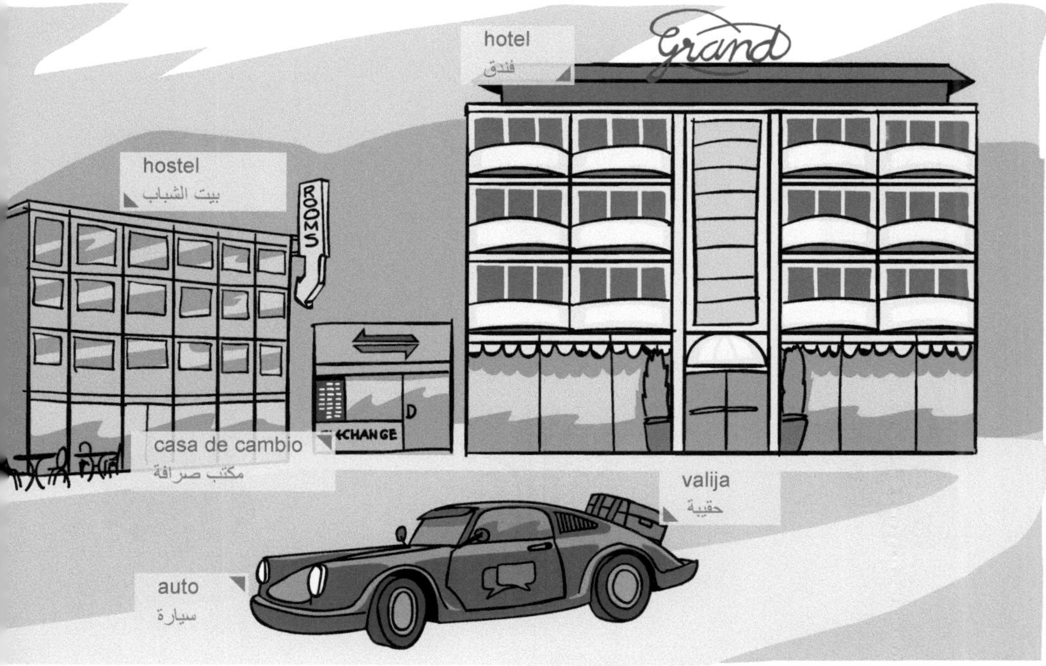

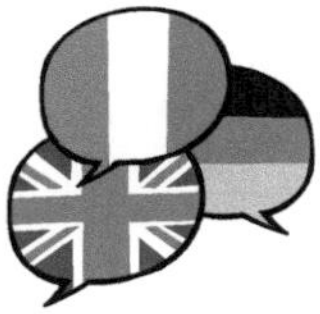

idioma
اللغة

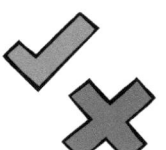

sí / no
نعم / لا

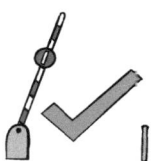

Está bien
حسناً

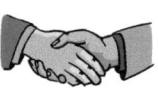

hola
مرحباً

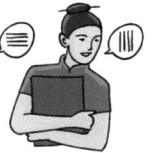

traductor
مترجم

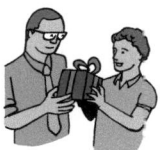

Gracias
شكراً

¿cuánto cuesta…?

كم ثمن … ؟

No entiendo

لا أفهم

problema

مشكلة

¡Buenas tardes!

مساء الخير

¡Buenos días!

صباح الخير!

¡Buenas noches!

ليلة سعيدة

adiós

إلى اللقاء

dirección

اتجاه

equipaje

أمتعة السفر

bolso

حقيبة

mochila

حقيبة ظهر

invitado

ضيف

habitación

غرفة

bolsa de dormir

كيس للنوم

carpa

خيمة

información turística

استعلامات سياحية

playa

شاطئ

tarjeta de crédito

بطاقة ائتمان

desayuno

إفطار

almuerzo

طعام الغداء

cena

العشاء

pasaje

بطاقة سفر

ascensor

مصعد

sello

طابع بريدي

frontera

حدود

aduana

الجمارك

embajada

سفارة

visa

تأشيرة

pasaporte

جواز سفر

transporte
نقل

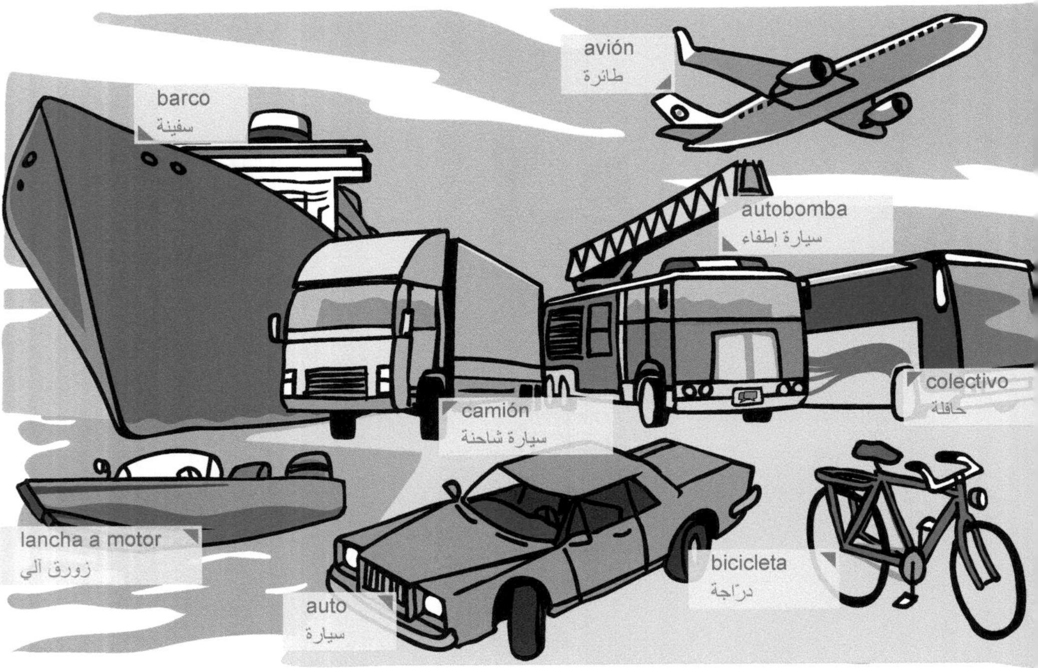
avión
طائرة
barco
سفينة
autobomba
سيارة إطفاء
colectivo
حافلة
camión
سيارة شاحنة
lancha a motor
زورق آلي
bicicleta
درّاجة
auto
سيارة

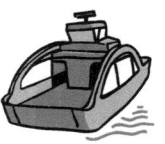

ferry
عبارة

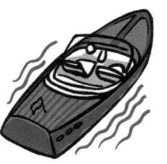

bote
قارب

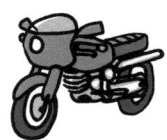

moto
دراجة نارية

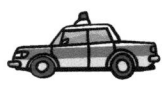

patrullero
سيارة شرطة

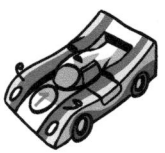

auto de carreras
سيارة سباق

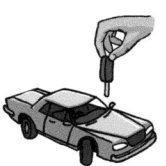

auto de alquiler
سيارة مستأجرة

alquiler de autos

أسلوب تشاركي في استئجار السيارات

grúa

سيارة للجر

camión de basura

سيارة نقل القمامة

motor

محرك

nafta

وقود

estación de servicio

محطة وقود

señal de tránsito

إشارة مرور

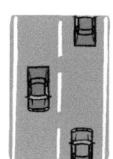

tránsito

حركة السير

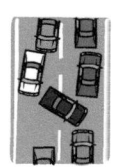

embotellamiento

ازدحام سير

estacionamiento

موقف سيارات

estación de tren

محطة قطار

vías

سكك حديدية

tren

قطار

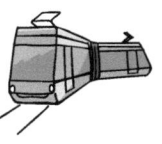

tranvía

ترام

vagón

عربة قطار

transporte - نقل

helicóptero

طائرة مروحية

aeropuerto

مطار

torre

برج

pasajero

مسافر

contenedor

حاوية

caja de cartón

علبة كرتون

carretilla

عربة يد

canasta

سلة

despegar / aterrizar

يقلع / يهبط

ciudad

مدينة

pueblo

قرية

centro de ciudad

مركز المدينة

casa

بيت

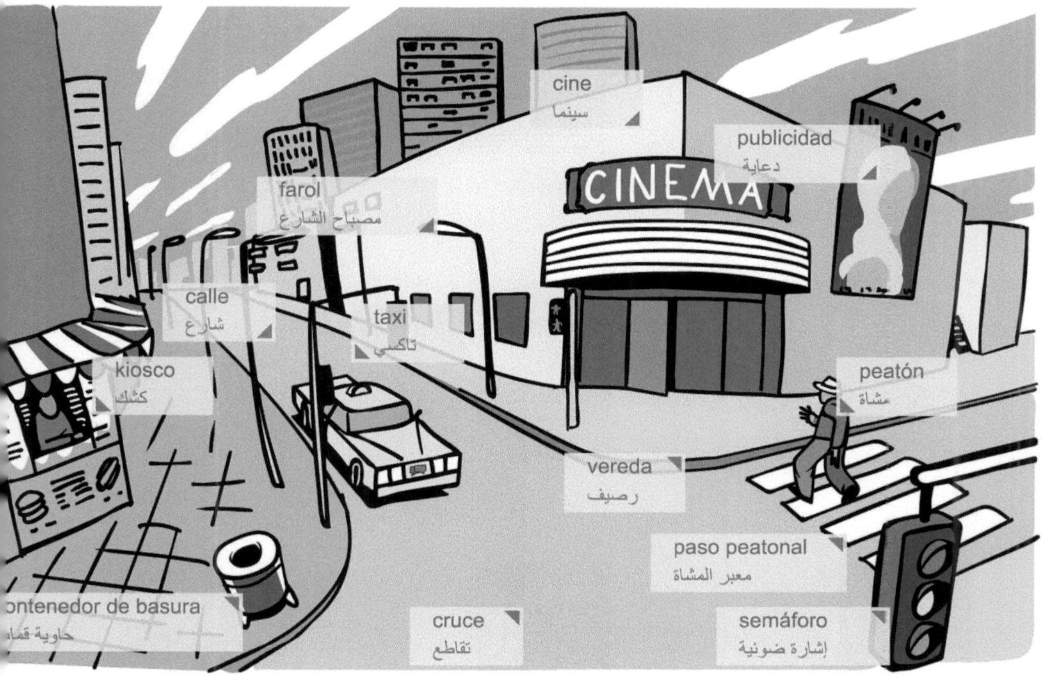

cine
سينما

publicidad
دعاية

CINEMA

farol
مصباح الشارع

calle
شارع

taxi
تاكسي

kiosco
كشك

peatón
مشاة

vereda
رصيف

paso peatonal
معبر المشاة

ontenedor de basura
حاوية قمامة

cruce
تقاطع

semáforo
إشارة ضوئية

cabaña

كوخ

departamento

شقة

estación de tren

محطة قطار

municipalidad

دار البلدية

museo

متحف

colegio

المدرسة

universidad

الجامعة

banco

مصرف

hospital

المستشفى

hotel

فندق

farmacia

صيدلية

oficina

مكتب

librería

مكتبة

negocio

متجر

florería

محل لبيع الزهور

supermercado

سوبرماركت

mercado

سوق

grandes tiendas

متجر كبير

pescadería

تاجر السمك

centro comercial

مركز تسوّق

puerto

ميناء

parque

حديقة عامة

banco

مقعد

puente

جسر

escaleras

درج، سلم

subte

مترو

túnel

نفق

parada del colectivo

موقف حافلات

bar

بار

restaurante

مطعم

buzón

صندوق البريد

letrero

لافتة باسم الشارع

parquímetro

مقياس زمن الوقوف

zoológico

حديقة حيوانات

pileta

مسبح

mezquita

مسجد

granja

مزرعة

contaminación

تلوث البيئة

cementerio

مقبرة

iglesia

كنيسة

juegos infantiles

ملعب الأطفال

templo

معبد

paisaje

طبيعة ريفية

hoja — ورقة

poste indicador — علامة إرشاد

camino — طريق

pradera — مرج

piedra — حجر

excursionista — رحالة

árbol — شجرة

río — نهر

hierba — عشب

flor — زهرة

valle

وادٍ

montaña

جبل

lago

بحيرة

bosque

غابة

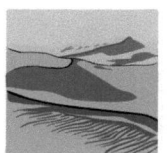

desierto

صحراء

volcán

بركان

castillo

قلعة

arco iris

قوس قزح

champiñón

فطر

palmera

نخلة

mosquito

بعوض

mosca

ذبابة

hormiga

نملة

abeja

نحلة

araña

عنكبوت

escarabajo

خنفساء

rana

ضفدعة

ardilla

سنجاب

erizo

قنفذ

liebre

أرنب

lechuza

بومة

pájaro

عصفور

cisne

بجعة

jabalí

خنزير برّي

ciervo

غزال

alce

إلكة

presa

سد

aerogenerador

دولاب الطاحونة الهوائية

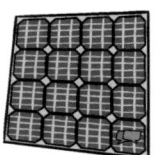

panel solar

خلية شمسية

clima

مناخ

restaurante

مطعم

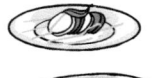

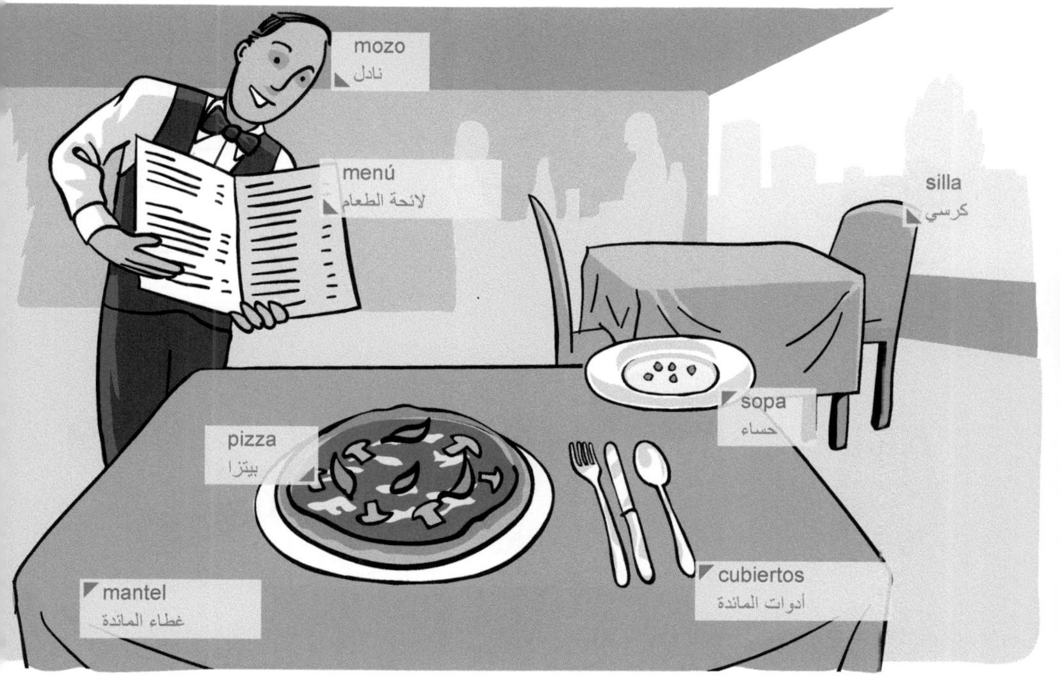
mozo
نادل
menú
لائحة الطعام
silla
كرسي
sopa
حساء
pizza
بيتزا
mantel
غطاء المائدة
cubiertos
أدوات المائدة

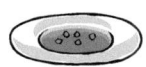

entrada

مقبلات

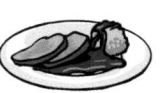

plato principal

الصحن الرئيسي

postre

حلوى أو فاكهة بعد الطعام

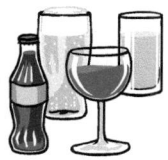

bebidas

مشروبات

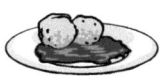

comida

طعام

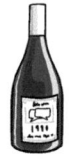

botella

زجاجة

comida rápida

وجبات سريعة

comida callejera

طعام الشارع

tetera

إبريق الشاي

azucarera

علبة السكر

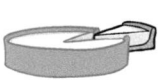

porción

حصّة

cafetera expreso

آلة الإسبريسو

sillita alta

كرسي عالٍ

cuenta

فاتورة

bandeja

صينية

cuchillo

سكين

tenedor

شوكة

cuchara

ملعقة

cucharita

ملعقة الشاي

servilleta

منديل المائدة

vaso

كأس

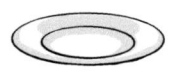

plato

صحن

plato hondo

صحن الحساء

plato

صحن الفنجان

salsa

صلصة

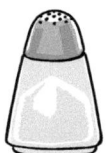

salero

مملحة

molinillo de pimienta

مطحنة الفلفل

vinagre

خلّ

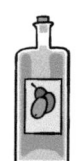

aceite

زيت الطعام

especias

توابل

kétchup

كتشاب

mostaza

خردل

mayonesa

مايونيز

supermercado
سوبرماركت

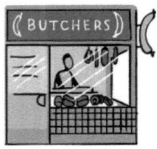

oferta especial
عرض خاص
cliente
زبون
lácteos
مشتقات الحليب
FOR
fruta
فواكه
changuito
عربة تسوق

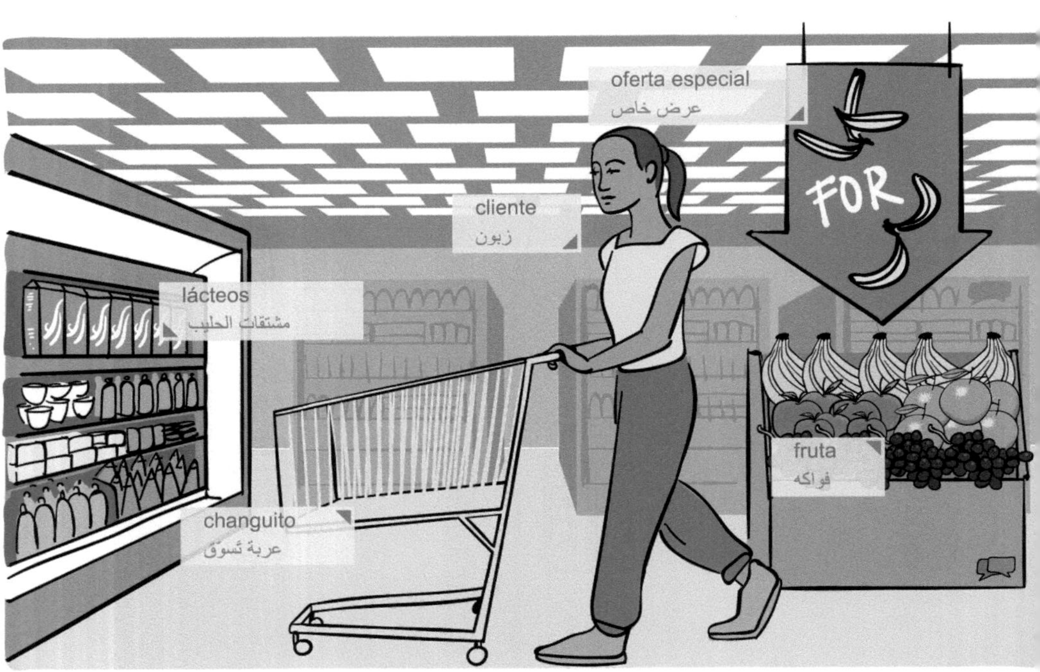

BUTCHERS

carnicería

جزّار

BAKERY

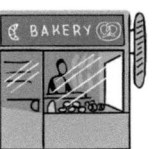

panadería

مخبز

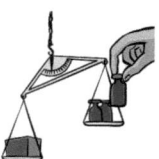

pesar

يزن

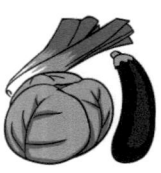

verduras

خضار

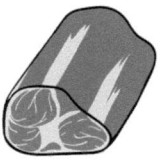

carne

لحم

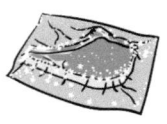

alimentos congelados

المأكولات المجمّدة

fiambres

مرتدلا أو جبن

alimentos enlatados

معلّبات

detergente en polvo

مسحوق الغسيل

golosinas

حلويات

electrodomésticos

المواد المنزلية

productos de limpieza

منظفات

vendedora

بائعة

caja

صندوق الحساب

cajero

أمين صندوق

lista de compras

قائمة المشتريات

horario de atención

أوقات العمل

billetera

محفظة النقود

tarjeta de crédito

بطاقة ائتمان

cartera

حقيبة

bolsa de plástico

كيس بلاستيكي

agua

ماء

jugo

عصير

leche

حليب

bebida cola

كولا

vino

نبيذ

cerveza

بيرة

alcohol

كحول

cacao

كاكاو

té

شاي

café

قهوة

café expreso

قهوة إسبريسو

cappuccino

كابوتشينو

banana

موزة

manzana

تفاح

naranja

برتقال

melón

بطيخ

limón

ليمون

zanahoria

جزرة

ajo

ثوم

bambú

خيزران

cebolla

بصل

champiñón

فطر

nueces

لوزيات

fideos

شعيرية

tallarines

سباغيتي

arroz

أرز

ensalada

سلطة

papas fritas

بطاطا مقلية

papas fritas

بطاطا مقلية

pizza

بيتزا

hamburguesa

هامبورغر

sándwich

ساندويش

churrasco

شريحة لحم مقلية

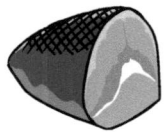

jamón

لحم خنزير

salame

سلامي

salchicha

سجق

pollo

دجاج

asado

لحم محمر

pescado

سمك

copos de avena

دقيق الشوفان

muesli

موسلي

copos de maíz

كورن فلكس

harina

طحين

medialuna

كرواسان

pancito

خبز صغير

pan

خبز

tostada

خبز محمص

galletitas

بسكويت

manteca

زبدة

cuajada

لبن زبادي

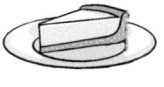

torta

كعكة

huevo

بيضة

huevo frito

بيض مقلي

queso

جبنة

helado

مثلجات

azúcar

سكر

miel

عسل

mermelada

مربّى الفاكهة

pasta de chocolate

كريم النوغا

curry

الكاري

granja
مزرعة

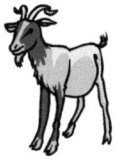

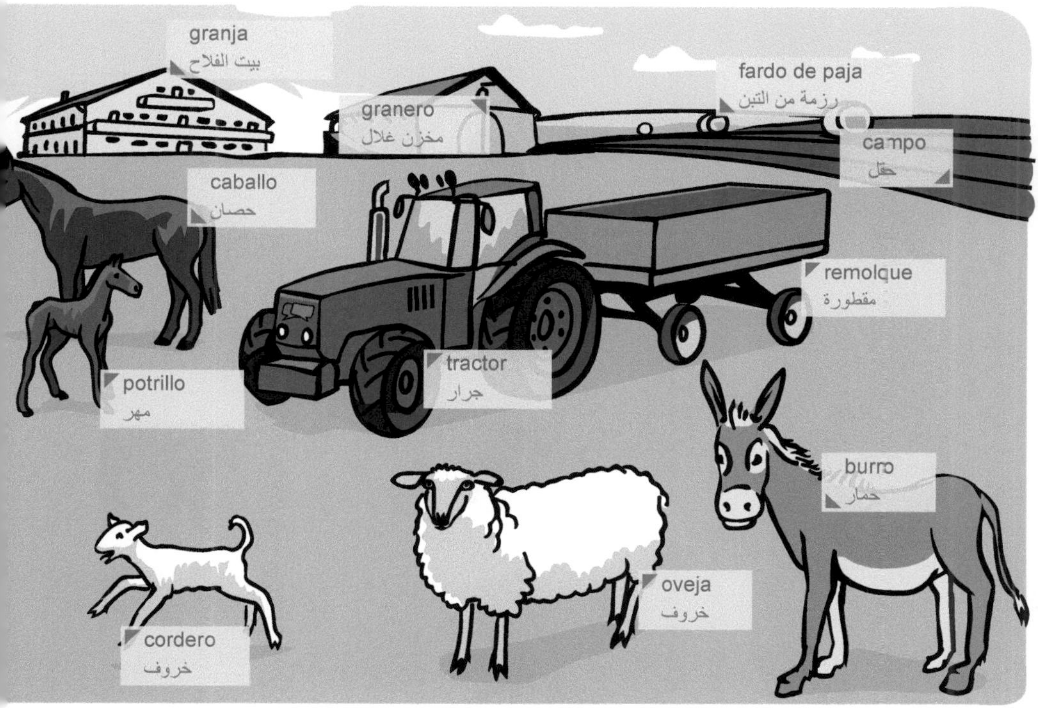
granja
بيت الفلاح
granero
مخزن غلال
fardo de paja
رزمة من التبن
campo
حقل
caballo
حصان
remolque
مقطورة
potrillo
مهر
tractor
جرار
burro
حمار
oveja
خروف
cordero
خروف

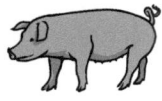

cabra

ماعز

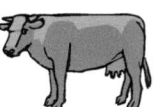

vaca

بقرة

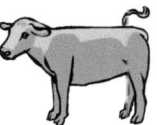

ternero

عجل

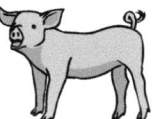

cerdo

خنزير

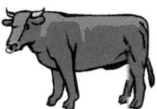

lechón

خنزير صغير

toro

ثور

ganso

إوزّة

pato

بطة

pollo

صوص

gallina

دجاجة

gallo

ديك

rata

جرذ

gato

قطّة

ratón

فأر

buey

ثور

perro

كلب

cucha

كوخ الكلب

manguera

خرطوم الحديقة

regadera

إبريق

guadaña

منجل

arado

المحراث

hoz

منجل

azada

معزقة

horquilla

مذراة الزبل

hacha

بلطة

carretilla

عربة يد

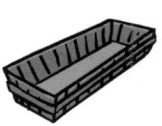

abrevadero

معلف

lechera

صفيحة الحليب

bolsa

كيس

reja

سياج

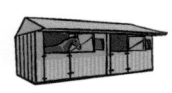

establo

اصطبل

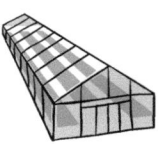

invernadero

دفينة

suelo

تربة

semilla

بذور

fertilizador

سماد

cosechadora

حصّادة درّاسة

cosechar

يحصد

cosecha

محصول

batatas

بطاطا يامس

trigo

قمح

soja

صويا

papa

بطاطا

maíz

ذرة

semilla de colza

سلجم

árbol frutal

شجرة فاكهة

mandioca

نبات منيهوت

cereales

الحبوب

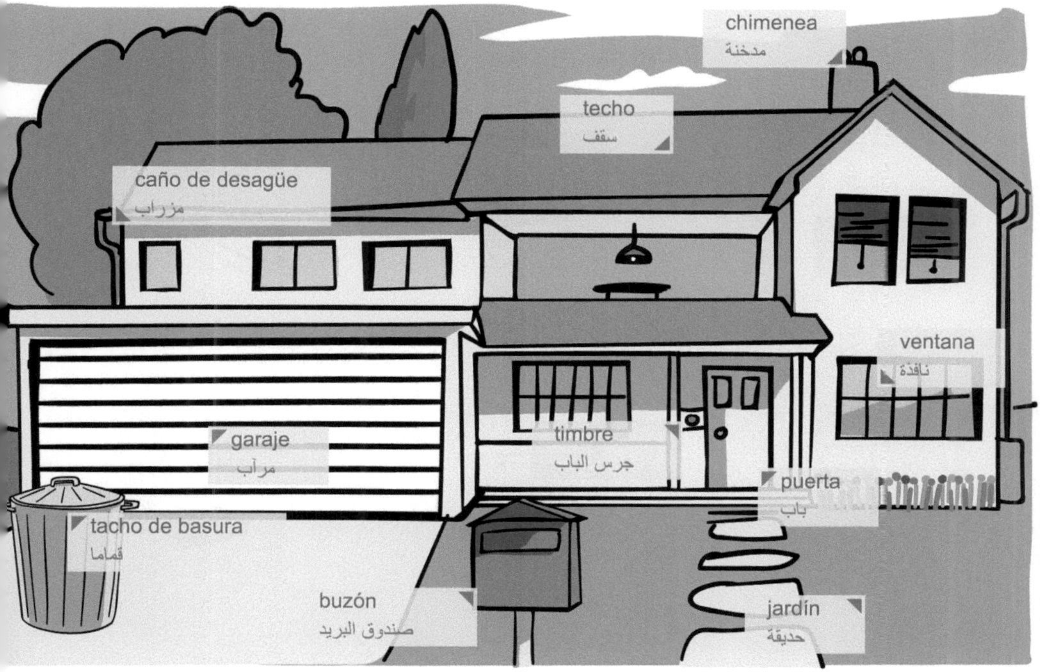

chimenea
مدخنة

techo
سقف

caño de desagüe
مزراب

ventana
نافذة

garaje
مرآب

timbre
جرس الباب

puerta
باب

tacho de basura
قمامة

buzón
صندوق البريد

jardín
حديقة

living
غرفة جلوس

baño
الحمّام

cocina
مطبخ

dormitorio
غرفة النوم

cuarto de los chicos
غرفة الأطفال

comedor
غرفة الطعام

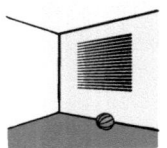

piso

أرضية

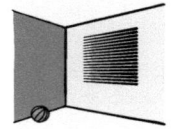

pared

حائط

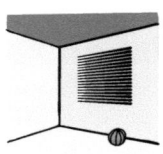

cielorraso

سقف

sótano

قبو

sauna

ساونا

balcón

بلكون

terraza

شرفة

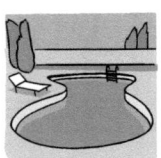

pileta

مسبح

cortadora de pasto

جزازة العشب

sábana

بياضات السرير

acolchado

بطانية

cama

سرير

escoba

مكنسة

balde

سطل

interruptor

مفتاح كهربائي

living

غرفة جلوس

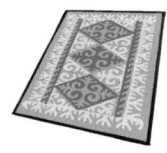

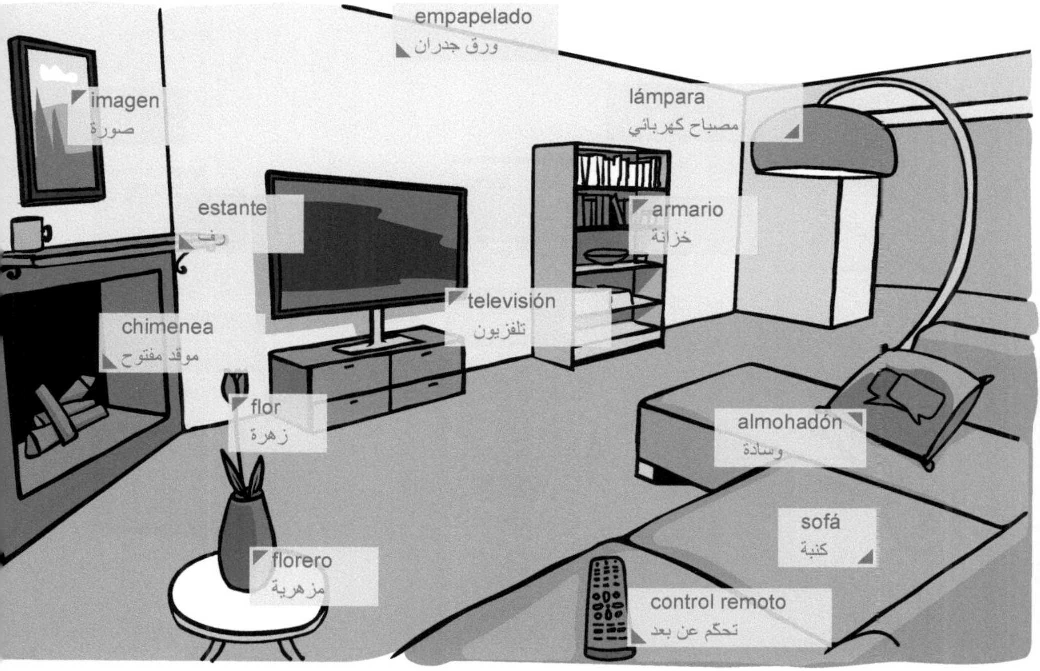
empapelado
ورق جدران
imagen
صورة
lámpara
مصباح كهربائي
estante
رف
armario
خزانة
televisión
تلفزيون
chimenea
موقد مفتوح
flor
زهرة
almohadón
وسادة
sofá
كنبة
florero
مزهرية
control remoto
تحكم عن بعد

alfombra

بساط

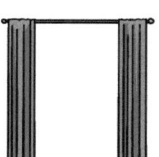

cortina

ستارة

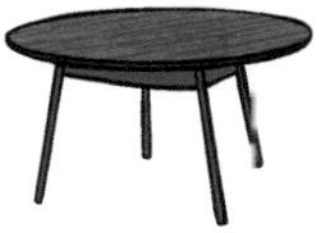

mesa

طاولة

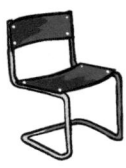

silla

كرسي

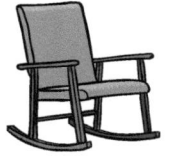

mecedora

كرسي هزّاز

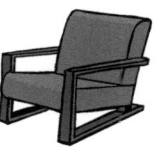

sillón

كرسي ذو ذراعين

libro

الكتاب

frazada

بطانية

decoración

زخرفة

leña

الحطب

película

فيلم

equipo de música

تجهيزات ستيريو

llave

مفتاح

diario

جريدة

pintura

لوحة مرسومة

póster

مُلصق

radio

راديو

cuaderno

دفتر ملاحظات

aspiradora

المكنسة الكهربائية

cactus

صبار

vela

شمعة

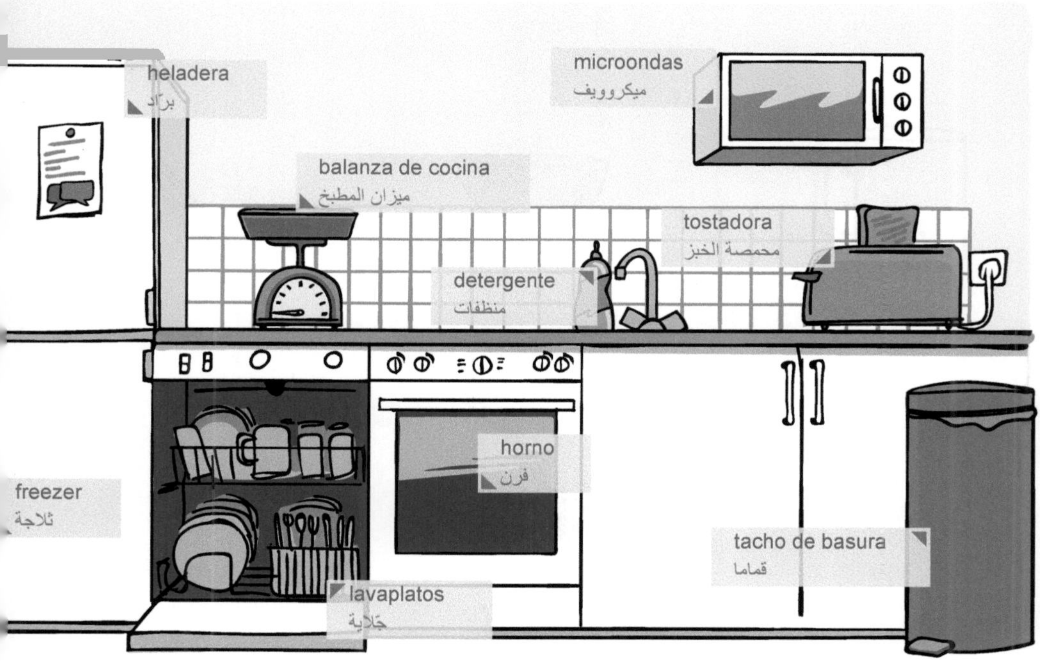

heladera
برّاد

microondas
ميكروويف

balanza de cocina
ميزان المطبخ

tostadora
محمصة الخبز

detergente
منظفات

horno
فرن

freezer
ثلاجة

tacho de basura
قماما

lavaplatos
جلاية

cocina

موقد

olla

قدر

olla de hierro fundido

وعاء من الحديد

wok

قدر صيني

sartén

مقلاة

pava

غلاية

vaporera

قدر البخار

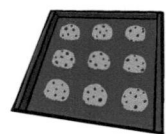

bandeja de horno

صينية

vajilla

أواني

taza

فنجان

bol

صحن

palitos

عيدان الأكل

cucharón

مغرفة

estpátula

ملعقة منبسطة

batidora

خفاقة

colador

مصفاة

colador

مصفاة

rallador

مبشرة

mortero

هاون

parrilla

شواء

fogata

موقد

tabla de picar

لوح التقطيع

palo de amasar

نشابة

sacacorchos

مفتاح الزجاجات

lata

علبة

abrelatas

مفتاح العلب المعدنية

manopla

قماش الفرن

pileta

مجلى

cepillo

فرشاة

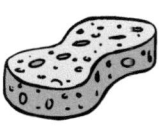

esponja

إسفنج

batidora

خلاط

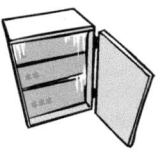

congelador

مجمّدة

mamadera

زجاجة الطفل

canilla

صنبور الماء

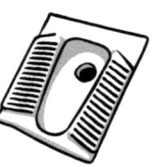

baño

الحمّام

calefacción
تدفئة
toalla
منشفة
ducha
دوش
cortina de ducha
ستارة الدوش
baño de espuma
حمام رغوة
bañadera
حوض الحمام
vaso
كأس
lavarropas
غسّالة
canilla
صنبور الماء
baldosas
بلاط
pelela
قفازات مطاطية
pileta
مجلى

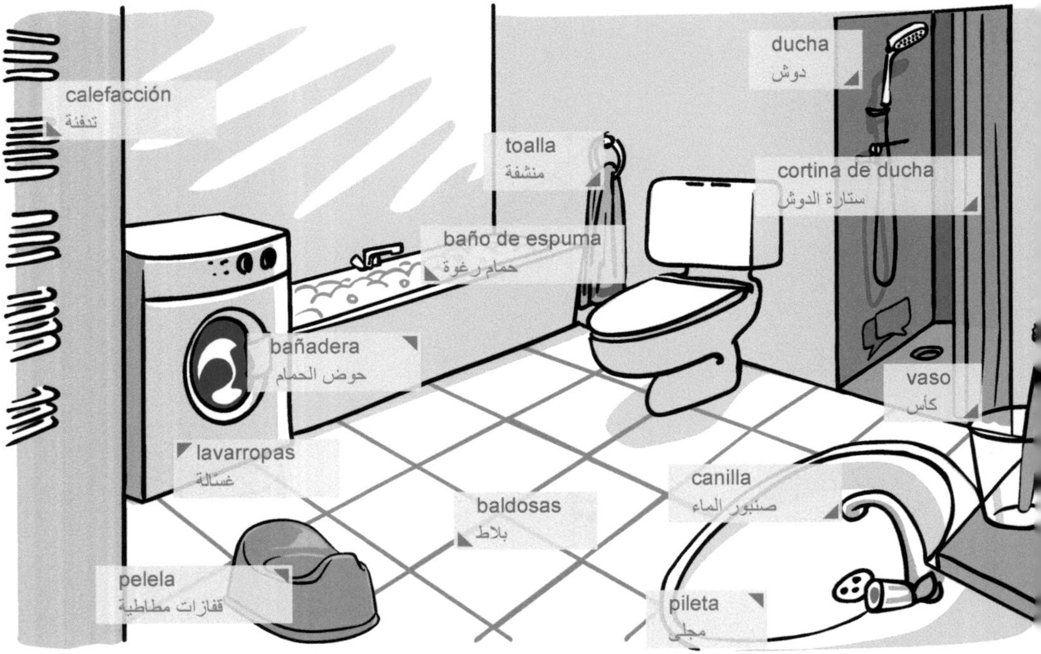

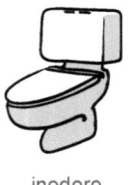

inodoro

حمام

letrina

مرحاض القرفصاء

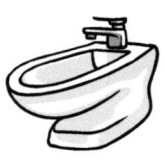

bidé

حوض التشطيف

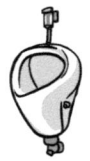

mingitorio

مبولة

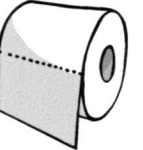

papel higiénico

ورق المرحاض

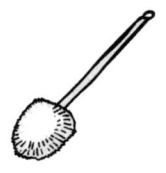

cepillo para el inodoro

فرشاة الحمام

cepillo de dientes

فرشاة الأسنان

dentífrico

معجون الأسنان

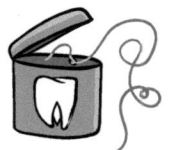

hilo dental

خيط حرير لتنظيف الأسنان

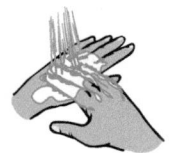

lavar

يغسل

ducha de mano

رشاش ماء يدوي

ducha higiénica

شطاف

palangana

حوض الغسيل

cepillo para espalda

فرشاة الظهر

jabón

صابون

gel de ducha

جيل الدوش

shampoo

شامبو

toallita

ممسحة

desagüe

مصرف للماء

crema

مرهم

desodorante

مزيل الروائح

espejo

مرآة

espejito

مرآة يد

maquinita de afeitar

موس حلاقة

espuma de afeitar

رغوة الحلاقة

aftershave

كولونيا

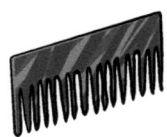

peine

مشط

cepillo

فرشاة

secador de pelo

سشوار

spray

مثبت للشعر

maquillaje

ماكياج

lápiz de labios

روج

esmalte para uñas

طلاء أظافر

algodón

قطن

tijera para uñas

مقص أظافر

perfume

عطر

portacosméticos

سلة الغسيل

banqueta

مقعد صغير

balanza

ميزان

bata

معطف الحمام

guantes de goma

قفازات مطاطية

tampón

سدادة قطنية

toallita femenina

منشفة صحية

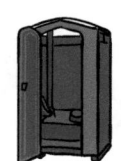

baño químico

تواليت كيميائية

cuarto de los chicos

غرفة الأطفال

despertador
منبّه
peluche
الحيوانات المحنطة
coche de juguete
سيارة لعبة
sonajero
خشخشة
casa de muñecas
بيت الدمى
regalo
هدية

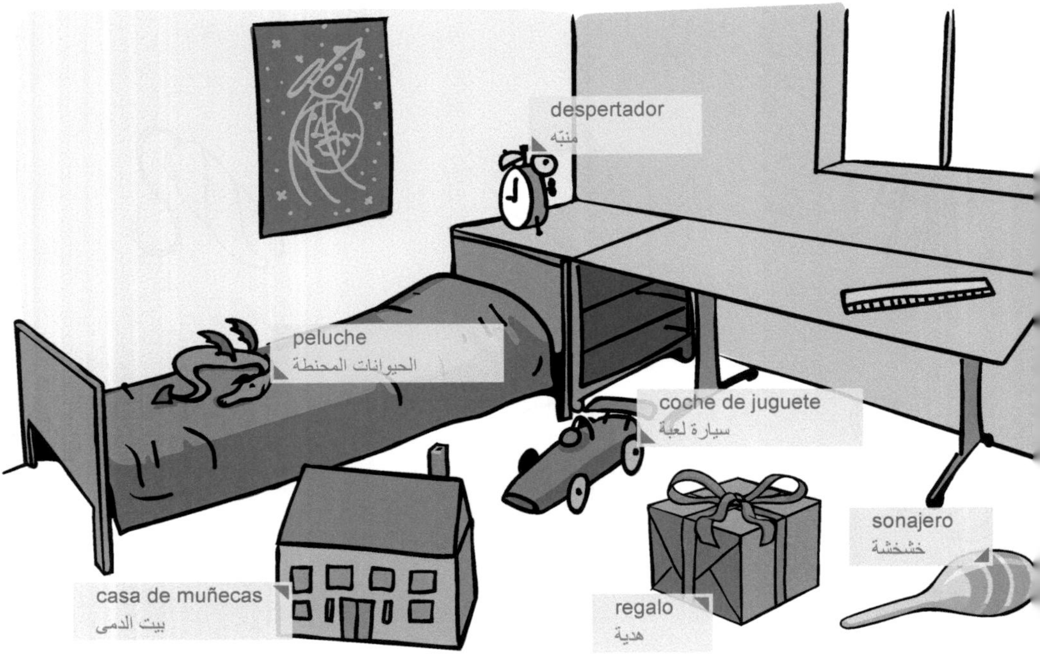

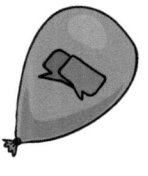

globo

بالون

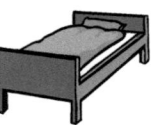

cama

سرير

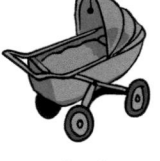

cochecito

عربة الأطفال

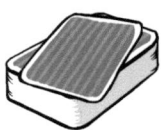

cartas

لعبة الورق

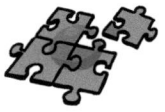

rompecabezas

أحجية

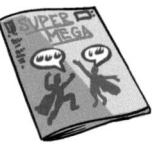

historieta

رسوم هزلية

piezas de lego

أحجار الليغو

ladrillos de juguete

حجارة تركيب

figura de acción

دمية بطل

enterito (de bebé)

لباس الطفل

frisbee

فريسبي

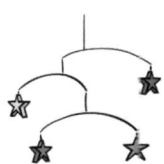

móvil para bebés

دمية معلقة

juego de mesa

لعبة الطاولة

dados

لعبة النرد

tren eléctrico

لعبة قطار

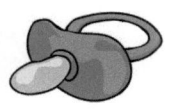

chupete

مصّاصة

fiesta

حفلة

libro de cuentos ilustrado

كتاب مصوّر

pelota

كرة

muñeca

دمية

jugar

يلعب

arenero

ملعب رملي للأطفال

hamaca

أرجوحة

juguetes

لعبة

consola de videojuegos

ألعاب فيديو

triciclo

دراجة ثلاثية

osito de peluche

دمية على شكل الدب

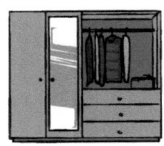

armario

خزانة الثياب

ropa

ثياب

medias

جوارب قصيرة

medias panty

جوارب طويلة

calzas

جورب بنطلون

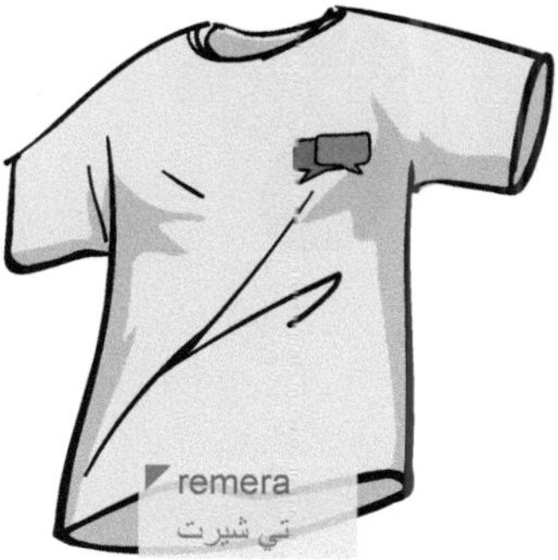

bufanda
شال

cinturón
حزام

paraguas
شمسية

remera
تي شيرت

botas
حذاء شتوي

pantuflas
شبشب

zapatillas
أحذية رياضية

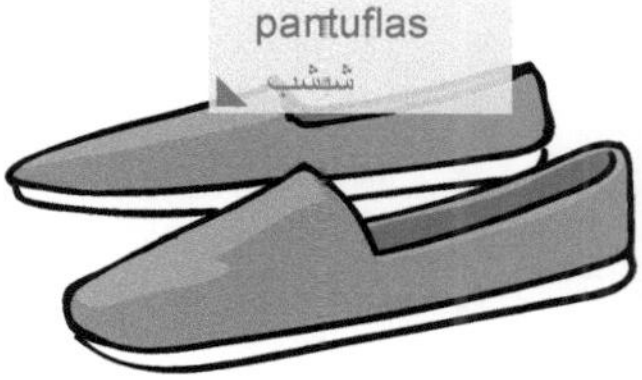

sandalias
....
صندل

zapatos
....
حذاء

botas de goma
....
حزمة كاوتشوك

ropa interior
....
سروال داخلي

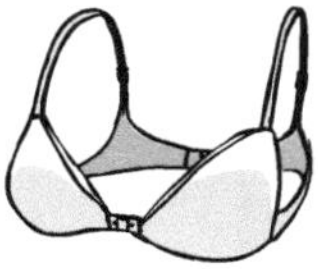

corpiño
....
صدّارة

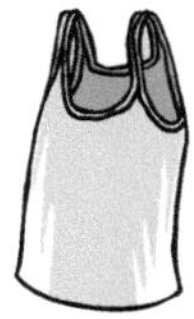

chaleco
....
قميص داخلي

body

لباس ملاصق للجسم

pantalones

بنطلون

jeans

جينز

pollera

تنورة

blusa

بلوزة

camisa

قميص

pulóver

سترة قطنية

buzo

كنزة كم طويل

blazer

سترة فضفاضة

campera

سترة

tapado

معطف

piloto

معطف مطري

traje

زي – طقم نسائي

vestido

ثوب

vestido de novia

ثوب الزفاف

traje

طقم

camisón

قميص نوم

pijama

بيجاما

sari

ساري

pañuelo para cabeza

حجاب

turbante

عمامة

burka

برقع

caftán

قفطان

abaya

عباءة

traje de baño

مايوه

short de baño

سروال سباحة

shorts

شرت

jogging

بدلة رياضية

delantal

منزر

guantes

ققازات

botón

زر

anteojos

نظّارة

pulsera

إسوارة

collar

عقد

anillo

خاتم

aro

قرط

gorra

طاقيّة

percha

علاقة ثياب

sombrero

قبّعة

corbata

ربطة العنق

cierre

سحّاب

casco

خوذة

tiradores

حمّالة البنطلون

uniforme escolar

اللباس المدرسي

uniforme

زي موحّد

babero

مريلة الأطفال

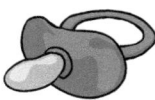

chupete

مصّاصة

pañal

لفافة

oficina

مكتب

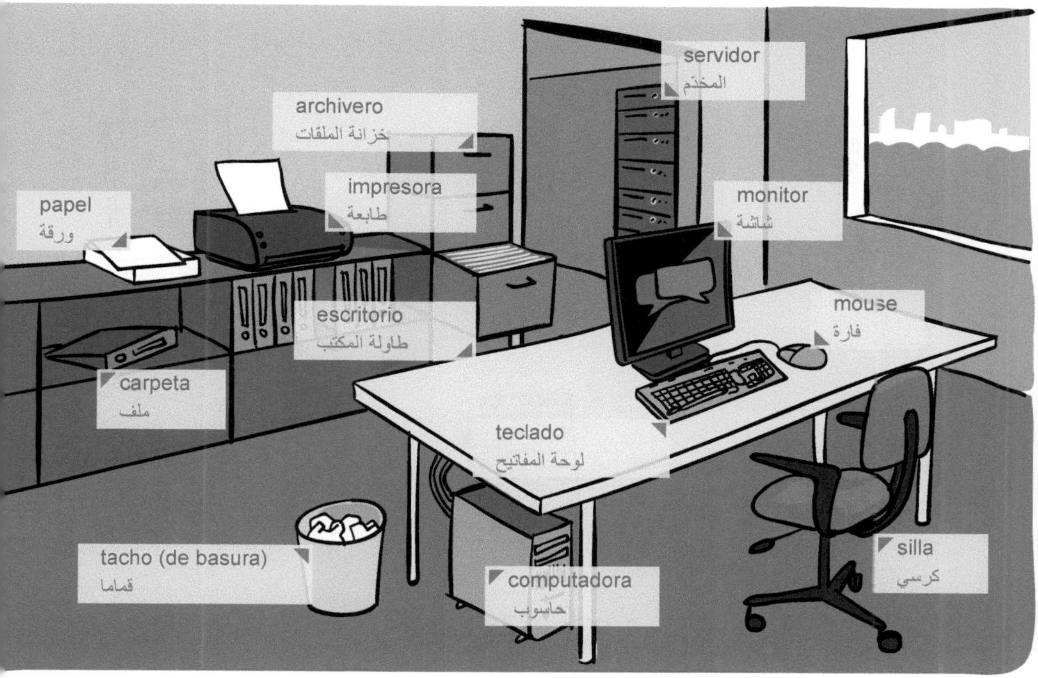

servidor

المخدّم

archivero

خزانة الملفات

impresora

طابعة

papel

ورقة

monitor

شاشة

mouse

فأرة

escritorio

طاولة المكتب

carpeta

ملف

teclado

لوحة المفاتيح

tacho (de basura)

قماما

silla

كرسي

computadora

حاسوب

taza de café

كأس من القهوة

calculadora

الآلة الحاسبة

internet

الإنترنت

laptop

الحاسوب المحمول

carta

رسالة

mensaje

خبر

celular

الهاتف المحمول

red

شبكة

fotocopiadora

جهاز تصوير

software

البرمجيات

teléfono

هاتف

tomacorriente

مقبس كهربائي

fax

فاكس

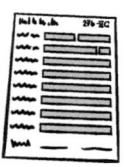

formulario

استمارة

documento

وثيقة

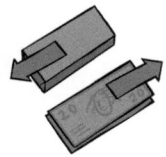

comprar

يشتري

pagar

يدفع

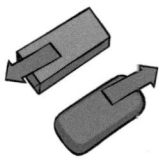

hacer negocios

يتاجر

dinero

مال

dólar

دولار

euro

يورو

yen

ين

rublo

روبل

franco suizo

فرنك سويسري

yuan

يوان

rupia

روبية

cajero automático

صرّاف آلي

casa de cambio

مكتب صرافة

oro

ذهب

plata

فضة

petróleo

نفط

energía

طاقة

precio

سعر

contrato

عقد

impuesto

ضريبة

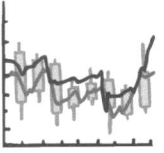

acción

سهم

trabajar

يعمل

empleado

موظف

empleador

رب العمل

fábrica

مصنع

negocio

متجر

ocupaciones

المِهَن

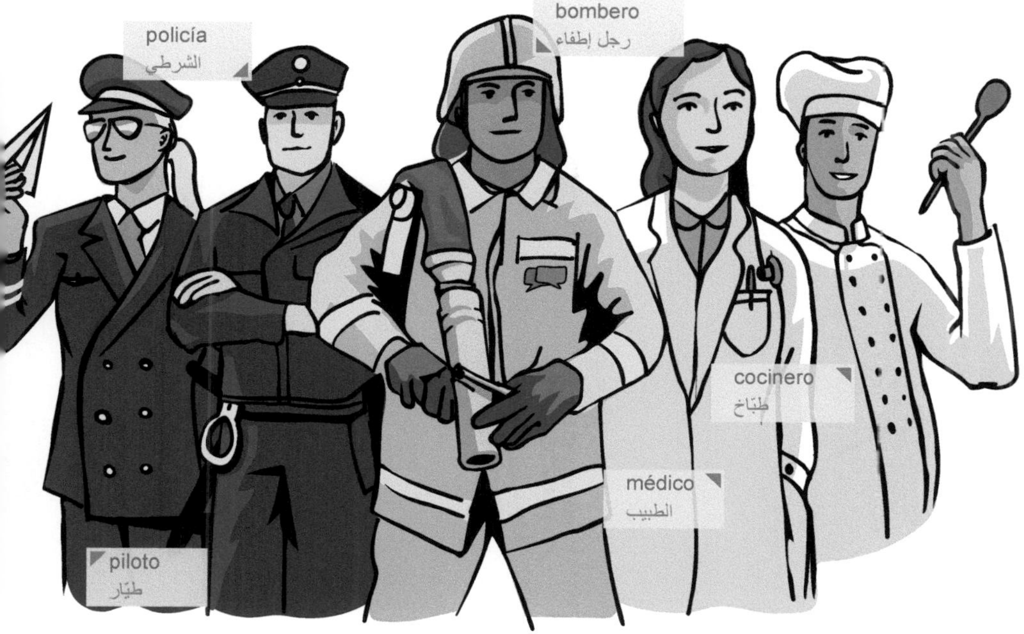
policía
الشرطي
bombero
رجل إطفاء
cocinero
طبّاخ
médico
الطبيب
piloto
طيّار

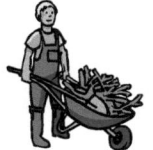

jardinero

بستاني

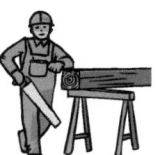

carpintero

نجّار

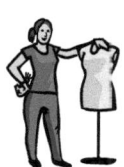

modista

خيّاطة

juez

قاض

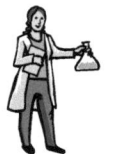

farmacéutico

كيميائي

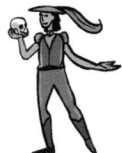

actor

ممثل

colectivero

سائق حافلة

taxista

سائق تاكسي

pescador

صياد سمك

mucama

أجيرة للتنظيف

techista

بناء سقف

mozo

نادل

cazador

صيّاد

pintor

رسّام

panadero

خباز

electricista

كهربائي

albañil

عامل بناء

ingeniero

مهندس

carnicero

لحّام

plomero

سمكري

cartero

ساعي البريد

soldado

جندي

arquitecto

مهندس معماري

cajero

أمين صندوق

florista

بائع الزهور

peluquero

حلاق

cobrador

مراقب القطار

mecánico

ميكانيكي

capitán

قبطان

dentista

طبيب أسنان

científico

رجل العلم

rabino

حاخام

imán

إمام

monje

راهب

sacerdote

كاهن

herramientas
عدة عمل

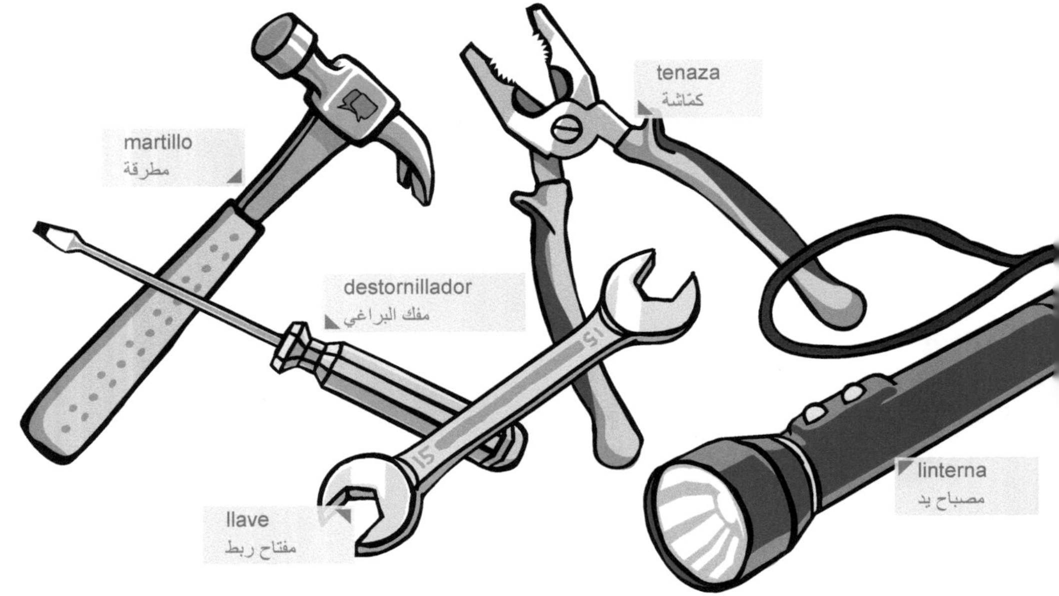

martillo
مطرقة
tenaza
كمّاشة
destornillador
مفك البراغي
llave
مفتاح ربط
linterna
مصباح يد

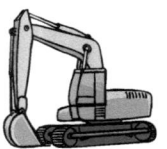

excavadora

جرافة

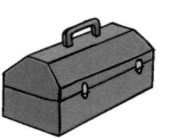

caja de herramientas

صندوق العدة

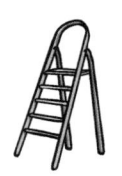

escalera portátil

سلّم

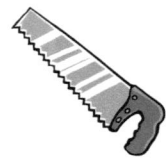

sierra

منشار

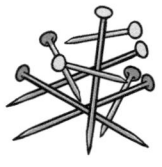

clavos

مسامير

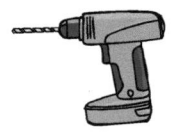

taladro

مثقب

arreglar

يصلح

pala de jardín

مجرفة

¡Qué bronca!

اللعنة

pala de plástico

لقاطة الكناسة

tacho de pintura

سطل الألوان

tornillos

براغي

instrumentos musicales

آلات موسيقية

batería

آلات الإيقاع

parlante

مكبر الصوت

contrabajo

كمان أجهر

trompeta

بوق

guitarra

غيتار

piano

بيانو

violín

كمنجة

bajo

جهير

timbales

طبل كبير

tambor

طبل

teclado

بيانو كهرباني

saxofón

ساكسوفون

flauta

ناي

micrófono

ميكروفون

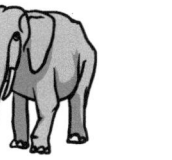

zoológico

حديقة حيوانات

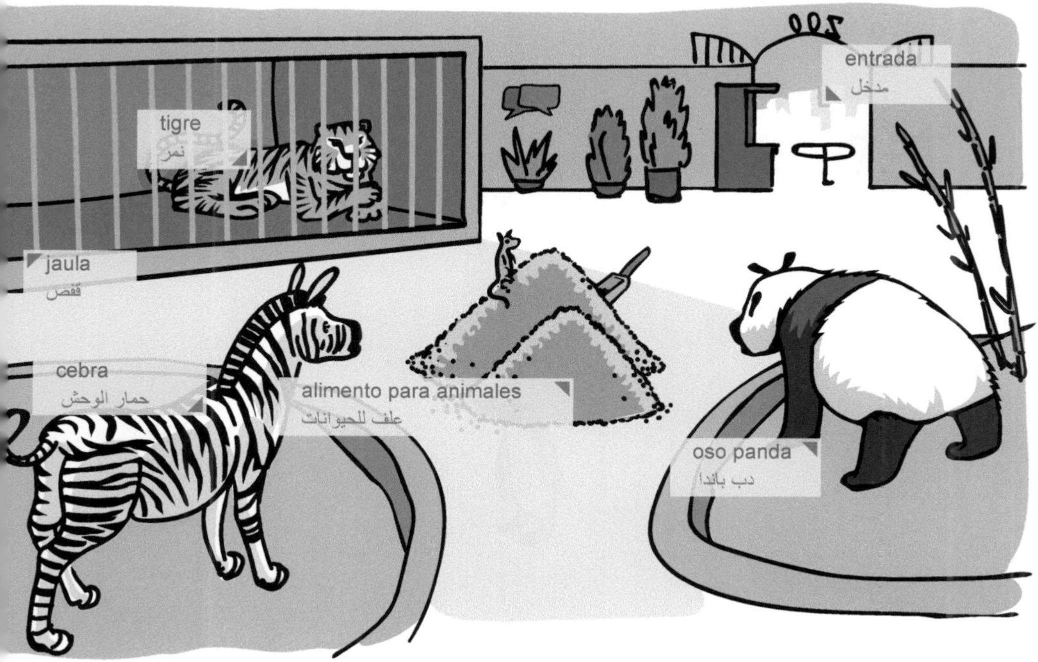

zoo
tigre
نمر
entrada
مدخل
jaula
قفص
cebra
حمار الوحش
alimento para animales
علف للحيوانات
oso panda
دب باندا

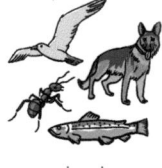

animales
حيوانات

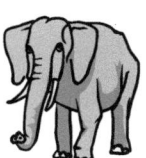

elefante
فيل

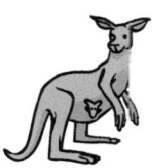

canguro
كنغر

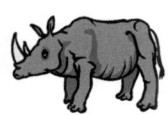

rinoceronte
وحيد القرن

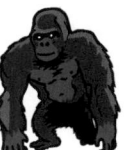

gorila
غوريلا

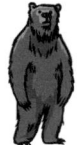

oso
دب

camello

جمل

avestruz

نعامة

león

أسد

mono

قرد

flamenco

طائر فلامينغو

loro

ببغاء

oso polar

دب قطبي

pingüino

بطريق

tiburón

سمك القرش

pavo real

طاووس

serpiente

أفعى

cocodrilo

تمساح

cuidador del zoológico

حارس في حديقة الحيوان

foca

عجل البحر

jaguar

نمر أمريكي مرقط

poni

فرس قزم

leopardo

نمر

hipopótamc

فرس النهر

jirafa

زرافة

águila

نسر

jabalí

خنزير برّي

pescado

سمك

tortuga

سلحفاة

morsa

حيوان فظ البحري

zorro

ثعلب

gacela

غزال

fútbol americano
كرة القدم الأمريكية

ciclismo
ركوب الدراجات

tenis
كرة التنس

básquet
كرة السلة

natación
السباحة

boxeo
الملاكمة

hockey sobre hielo
هوكي الجليد

fútbol
كرة القدم

bádminton
الريشة الطائرة

atletismo
ألعاب القوى الخفيفة

handball
كرة اليد

esquí
التزلج على الثلج

polo
بولو

reír
يضحك

saltar
يقفز

abrazar
يعانق

caminar
يمشي

cantar
يغني

soñar
يحلم

rezar
يصلي

besar
يقبّل

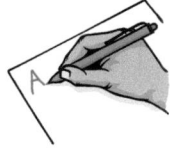

escribir
يكتب

dibujar
يرسم

mostrar
يُري

presionar
يدفع

dar
يعطي

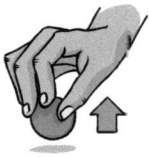

tomar
يأخذ

tener

يملك

hacer

يعمل

ser

يوجد

estar parado

يقف

correr

يركض

tirar

يسحب

tirar

يرمي

caer

يقع

estar acostado

يستلقي

esperar

ينتظر

llevar

يحمل

estar sentado

يجلس

vestirse

يلبس

dormir

ينام

despertar

يستيقظ

mirar

ينظر إلى ..

llorar

يبكي

acariciar

يمسّد

peinar

يمشّط

hablar

يتكلم

entender

يفهم

preguntar

يسأل

escuchar

يسمع

beber

يشرب

comer

ياكل

ordenar

يرتب

amar

يحب

cocinar

يطبخ

manejar

يقود

volar

يطير

navegar

يبحر بزورق شراعي

calcular

يحسب

leer

يقرأ

aprender

يتعلم

trabajar

يعمل

casarse

يتَزوج

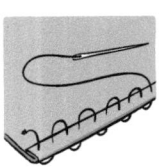

coser

يخيط

cepillarse los dientes

ينظف أسنانه

matar

يقتل

fumar

يدخّن

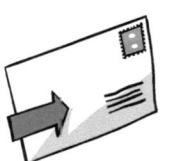

enviar

يرسل

abuela
جدّة

abuelo
جدّ

padre
أب

madre
أم

bebé
الطفل

hija
ابنة

hijo
ابن

invitado

ضيف

tía

عمّة / خالة

tío

عمّ / خال

hermano

أخ

hermana

أخت

cuerpo
الجسم

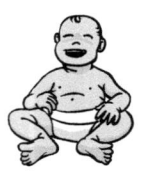

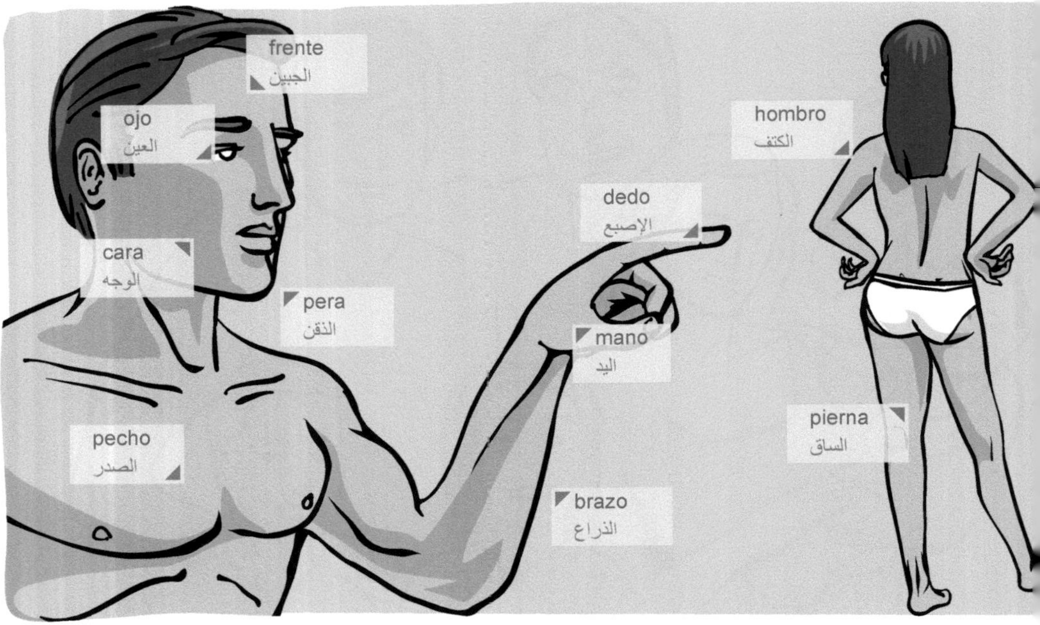

frente
الجبين
ojo
العين
hombro
الكتف
dedo
الإصبع
cara
الوجه
pera
الذقن
mano
اليد
pierna
الساق
pecho
الصدر
brazo
الذراع

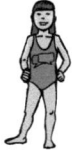

bebé
الطفل

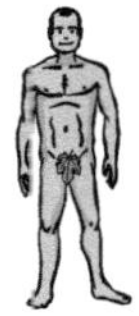
hombre
الرجل

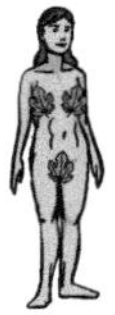
mujer
المرأة

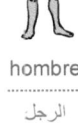

nena
البنت

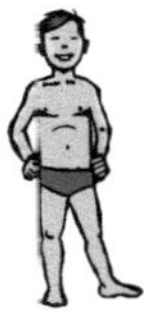
nene
الولد

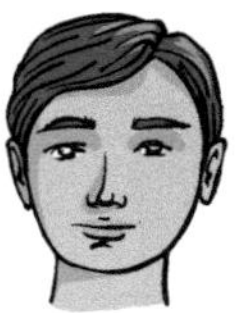
cabeza
الرأس

espalda

الظهر

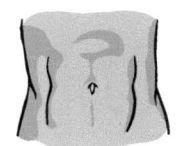

panza

البطن

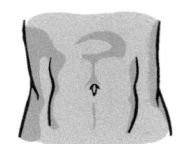

ombligo

السرّة

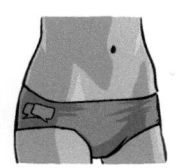

dedo del pie

إصبع القدم

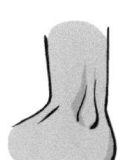

talón

الكعب

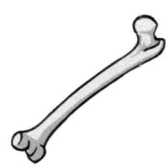

hueso

العظم

cadera

الورك

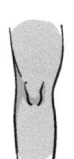

rodilla

الركبة

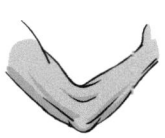

codo

المرفق

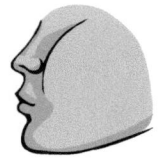

nariz

الأنف

cola

العَجُز

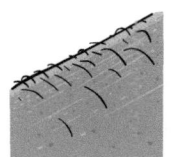

piel

البشرة

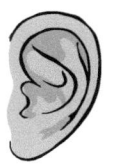

cachete

الخد

oreja

الأذن

labio

الشفة

boca

الفم

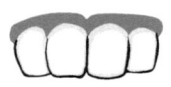

diente

السن

lengua

اللسان

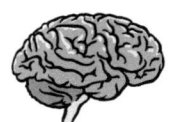

cerebro

الدماغ

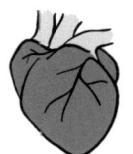

corazón

القلب

músculo

العضلة

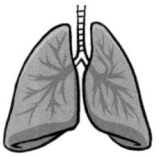

pulmón

الرئة

hígado

الكبد

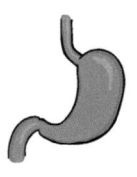

estómago

المعدة

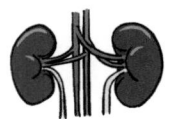

riñones

الكلى

sexo

الاتصال الجنسي

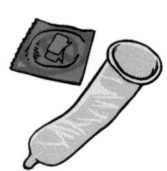

preservativo

الواقي المطاطي

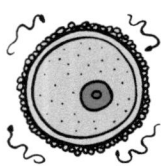

óvulo

البويضة

semen

المنيّ

embarazo

الحمل

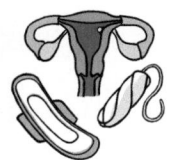

menstruación

الحيض

vagina

المهبل

pene

القضيب

ceja

الحاجب

pelo

الشعر

cuello

الرقبة

hospital
المستشفى

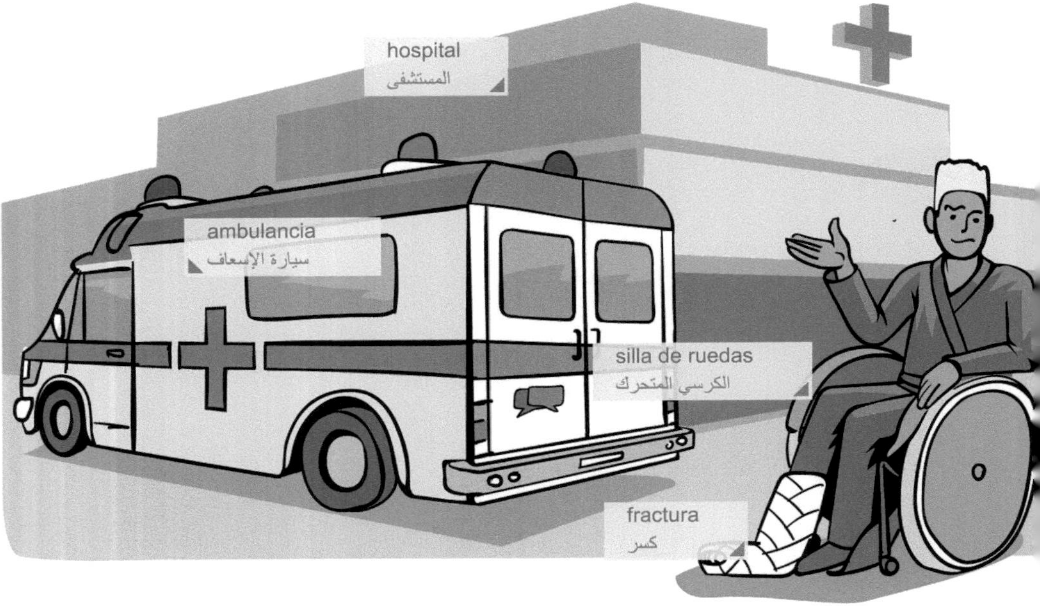

hospital
المستشفى
ambulancia
سيارة الإسعاف
silla de ruedas
الكرسي المتحرك
fractura
كسر

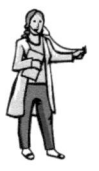

médico

الطبيب

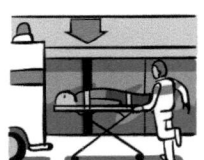

sala de guardia

غرفة الإسعاف

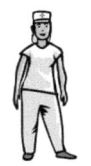

enfermera

الممرضة

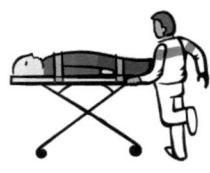

emergencia

حالة

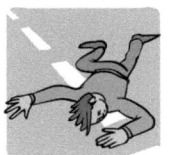

inconsciente

مغمى عليه

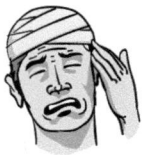

dolor

الألم

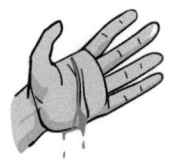

lesión

إصابة

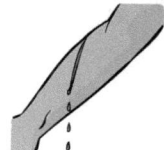

hemorragia

النزيف

infarto

احتشاء القلب

ACV

جلطة

alergia

حسسية

tos

السعال

fiebre

الحُمَّى

gripe

إنفلونزا

diarrea

الإسهال

dolor de cabeza

وجع الرأس

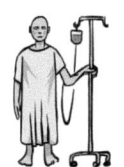

cáncer

السرطان

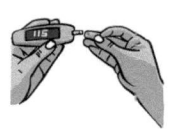

diabetes

مرض السكر

cirujano

جرّاح

bisturí

مبضع

operación

عملية

TC

سيتي سكان

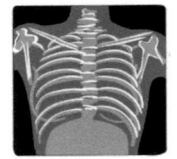

rayos x

الأشعة السينية

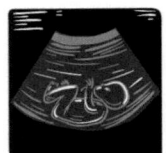

ecografía

فوق الصوتي

barbijo

القناع

enfermedad

المرض

sala de espera

غرفة الانتظار

muleta

العُكّاز

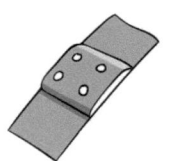

curita

شريط لاصق

venda

ضماد

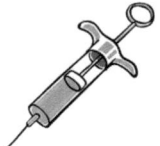

inyección

حقنة

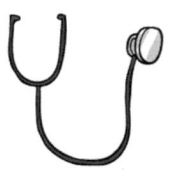

estetoscopio

سمّاعة الطبيب

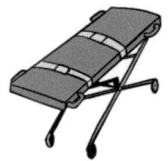

camilla

نقالة

termómetro

ميزان حرارة

nacimiento

ولادة

sobrepeso

وزن زائد

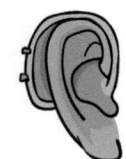

audífono

جهاز السمع

desinfectante

المواد المعقمة

infección

عدوى

virus

فيروس

VIH / SIDA

الإيدز

remedio

الطب

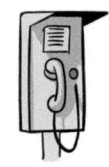

vacunación

اللقاح

comprimidos

أقراص الدواء

pastilla anticonceptiva

حبّة الدواء

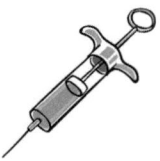

amada de emergencia

نداء النجدة

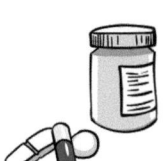

tensiómetro

مقياس ضغط الدم

enfermo / sano

مريض / صحيح

¡Ayuda!

النجدة!

alarma

إنذار

agresión

اعتداء

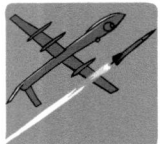

ataque

هجوم

peligro

خطر

salida de emergencia

مخرج طوارئ

¡Fuego!

حريق!

matafuego

جهاز الإطفاء

accidente

حادث

botiquín de primeros auxilios

حقيبة الإسعاف الأولي

SOS

أنقذونا

policía

الشرطة

Europa

أوروبا

América del Norte

أمريكا الشمالية

América del Sur

أمريكا الجنوبية

África

أفريقيا

Asia

آسيا

Australia

أستراليا

Atlántico

المحيط الأطلسي

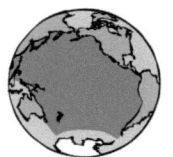

Pacífico

المحيط الهادي

Océano Índico

المحيط الهندي

Océano Antártico

المحيط المتجمد الجنوبي

Océano Ártico

المحيط المتجمد الشمالي

polo norte

لقطب الشمالي

polo sur

القطب الجنوبي

Antártida

منطقة القطب الجنوبي

Tierra

أرض

tierra

بر

mar

بحر

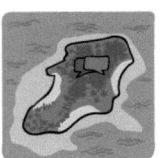

isla

جزيرة

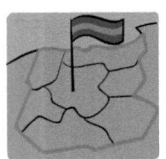

nación

أمة

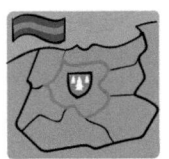

estado

دولة

esfera

ميناء الساعة

manecilla de las horas

عقرب الساعات

minutero

عقرب الدقائق

segundero

عقرب الثواني

¿Qué hora es?

كم الساعة الآن؟

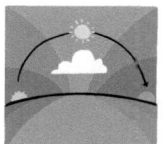

día

يوم

hora

زمن

ahora

الآن

reloj digital

ساعة رقمية

minuto

دقيقة

hora

ساعة

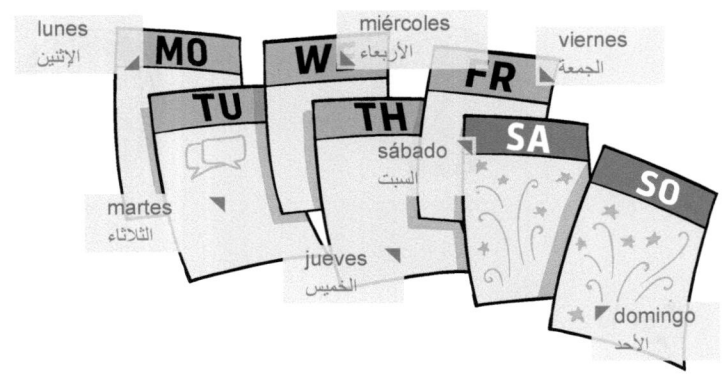

lunes — الإثنين
miércoles — الأربعاء
viernes — الجمعة
martes — الثلاثاء
sábado — السبت
jueves — الخميس
domingo — الأحد

ayer

الأمس

hoy

اليوم

mañana

غدا

mañana

الصباح

mediodía

الظهر

tarde

المساء

días hábiles

أيام العمل

fin de semana

نهاية الأسبوع

año

سنة

lluvia
مطر
arco iris
قوس قزح
nieve
ثلج
viento
ريح
primavera
الربيع
otoño
الخريف
verano
الصيف
invierno
الشتاء

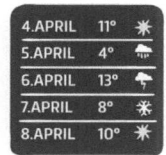

4.APRIL 11°
5.APRIL 4°
6.APRIL 13°
7.APRIL 8°
8.APRIL 10°

onóstico meteorológico

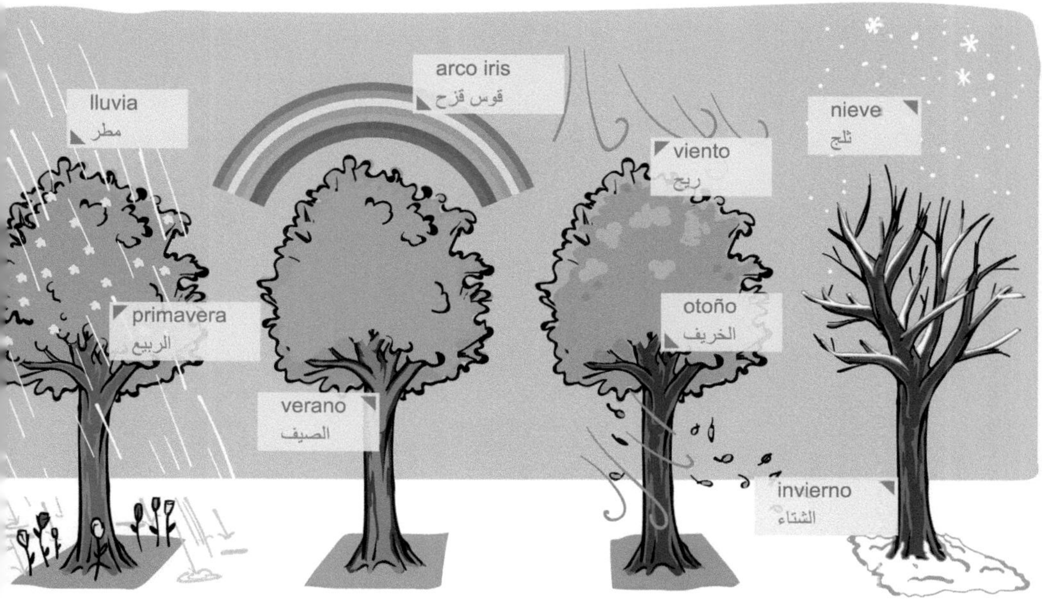

التنبّؤ بالحالة الجوية

F
C
120
90
60
30
0
-30
40
30
20
10
0
-10
-20

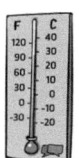

termómetro

مقياس حرارة

luz del sol

ضوء الشمس

nube

سحابة

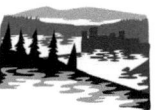

niebla

ضباب

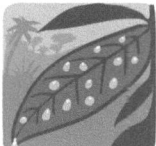

humedad

رطوبة الجو

rayo

برق

trueno

رعد

tormenta

عاصفة

granizo

بَرَد

monzón

ريح موسمية

inundación

طوفان

hielo

جليد

enero

كانون الثاني / يناير

febrero

شباط / فبراير

marzo

آذار / مارس

abril

نيسان / أبريل

mayo

أيار / مايو

junio

حزيران / يونيو

julio

تموز / يوليو

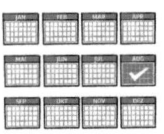

agosto

أب / أغسطس

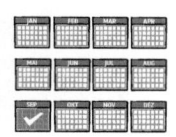

septiembre

أيلول / سبتمبر

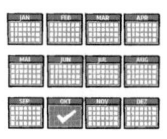

octubre

تشرين الأول / أكتوبر

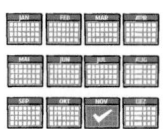

noviembre

تشرين الثاني / نوفمبر

diciembre

كانون الأول / ديسمبر

formas

أشكال

círculo

دائرة

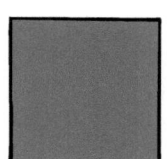

cuadrado

مربّع

rectángulo

مستطيل

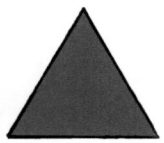

triángulo

مثلّث

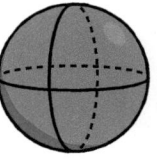

esfera

كرة

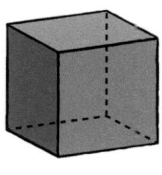

cubo

مكعّب

blanco

أبيض

amarillo

أصفر

naranja

برتقالي

rosa

وردي

rojo

أحمر

violeta

بنفسجي

azul

أزرق

verde

أخضر

marrón

بني

gris

رمادي

negro

أسود

mucho / poco

كثير / قليل

enojado / tranquilo

غضبان / هادئ

lindo / feo

جميل / قبيح

principio / fin

بداية / نهاية

grande / chico

كبير / صغير

claro / oscuro

فاتح / قاتم

hermano / hermana

أخ / أخت

limpio / sucio

نظيف / وسخ

completo / incompleto

كامل / ناقص

día / noche

نهار / ليل

muerto / vivo

ميت / حيّ

ancho / angosto

عريض / ضيّق

comestible / no comestible

صالح للأكل / غير صالح

malo / amable

شرّير / لطيف

entusiasmado / aburrido

مثير / ممل

gordo / flaco

سمين / نحيف

primero / último

أولا / أخيراً

amigo / enemigo

صديق / عدو

lleno / vacío

مليء / فارغ

duro / blando

صلب / ليّن

pesado / liviano

ثقيل / خفيف

hambre / sed

جوع / عطش

enfermo / sano

مريض / صحيح

ilegal / legal

غير شرعي / شرعي

inteligente / estúpido

ذكي / غبي

izquierda / derecha

يسار / يمين

cerca / lejos

قريب / بعيد

nuevo / usado

جديد / مستعمل

nada / algo

لا شيء / بعض الشيء

viejo / joven

مسين / شاب

encendido / apagado

يشعل / يطفئ

abierto / cerrado

مفتوح / مغلق

silencioso / ruidoso

خافت / عالٍ

rico / pobre

غني / فقير

correcto / incorrecto

صح / خطأ

áspero / suave

أحرش / املس

triste / contento

حزين / سعيد

corto / largo

قصير / طويل

lento / rápido

بطيء / سريع

mojado / seco

مبلول / جاف

caliente / frío

ساخن / بارد

guerra / paz

حرب / سلم

números

أرقام

0

cero

صفر

1

uno

واحد

2

dos

اثنان

3

tres

ثلاثة

4

cuatro

أربعة

5

cinco

خمسة

6

seis

ستة

7

siete

سبعة

8

ocho

ثمانية

9

nueve

تسعة

10

diez

عشرة

11

once

أحد عشر

12

doce

اثنا عشر

13

trece

ثلاثة عشر

14

catorce

أربعة عشر

15

quince

خمسة عشر

16

dieciséis

ستة عشر

17

diecisiete

سبعة عشر

18

dieciocho

ثمانية عشر

19

diecinueve

تسعة عشر

20

veinte

عشرون

100

cien

مائة

1.000

mil

ألف

1.000.000

millón

مليون

inglés

الإنكليزية

inglés americano

الإنكليزية الأمريكية

chino mandarín

لغة ماندارين الصينية

hindi

الهندية

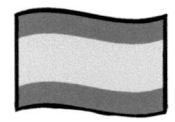

español

الإسبانية

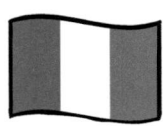

francés

الفرنسية

árabe

العربية

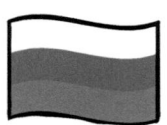

ruso

الروسية

portugués

البرتغالية

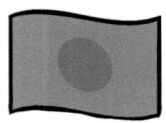

bengalí

البنغالية

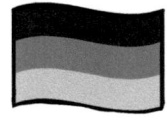

alemán

الألمانية

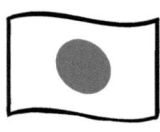

japonés

اليابانية

yo

أنا

vos

أنتَ

él / ella

هو / هي

nosotros

نحن

ustedes

أنتم

ellos

هم

¿quién?

من؟

¿qué?

ماذا؟

¿cómo?

كيف؟

¿dónde?

أين؟

¿cuándo?

متى؟

nombre

اسم

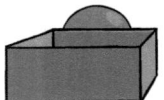

detrás

خلف

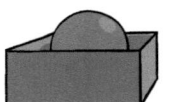

en

في

adelante de

أمام

por encima de

فوق

sobre

على

debajo de

تحت

al lado de

جنب

entre

بين

lugar

مكان